POEMAS
líricos e existenciais

Editora Appris Ltda.
1.ª Edição - Copyright© 2025 do autor
Direitos de Edição Reservados à Editora Appris Ltda.

Nenhuma parte desta obra poderá ser utilizada indevidamente, sem estar de acordo com a Lei nº
9.610/98. Se incorreções forem encontradas, serão de exclusiva responsabilidade de seus organizadores. Foi realizado o Depósito Legal na Fundação Biblioteca Nacional, de acordo com as Leis nos
10.994, de 14/12/2004, e 12.192, de 14/01/2010.

Catalogação na Fonte
Elaborado por: Dayanne Leal Souza
Bibliotecária CRB 9/2162

S758p 2025	Spínola, Iraci de Sousa Poemas líricos e existenciais / Iraci de Sousa Spínola. – 1. ed. – Curitiba: Appris, 2025. 120 p. ; 21 cm.
	ISBN 978-65-250-7123-7
	1. Divertimento. 2. Boa leitura. 3. Questionamentos filosóficos. I. Spínola, Iraci de Sousa. II. Título.
	CDD – 869.1

Appris
editorial

Editora e Livraria Appris Ltda.
Av. Manoel Ribas, 2265 – Mercês
Curitiba/PR – CEP: 80810-002
Tel. (41) 3156 - 4731
www.editoraappris.com.br

Printed in Brazil
Impresso no Brasil

Iraci de Souza Spínola

POEMAS
líricos e existenciais

artêra
editorial

Curitiba, PR
2025

FICHA TÉCNICA

EDITORIAL	Augusto V. de A. Coelho
	Sara C. de Andrade Coelho
COMITÊ EDITORIAL	Marli Caetano
	Andréa Barbosa Gouveia (UFPR)
	Edmeire C. Pereira (UFPR)
	Iraneide da Silva (UFC)
	Jacques de Lima Ferreira (UP)
SUPERVISORA EDITORIAL	Renata C. Lopes
PRODUÇÃO EDITORIAL	Adrielli de Almeida
REVISÃO	Marcela Vidal Machado
DIAGRAMAÇÃO	Amélia Lopes
CAPA	Kananda Ferreira
REVISÃO DE PROVA	Jibril Keddeh

SUMÁRIO

A Altivez de Minha Mãe 9

A Dança dos Gurupés 10

A Gente se Machuca 11

A Menina da Janela 12

A Vida Melhora 14

A Voz do Horizonte 15

Abraço de Amigo 16

Adeus Oculto 17

Afastar-se nos Detalhes 19

Ajustes 20

Algo Muito Maior 21

Anamaria 22

Anos Difíceis 23

As Águas Vão Fluir 24

As Portas se Abrem 25

Aventuras da Realidade 26

Bandoleiros e Cânions 27

Bem Longe Eu Andava 28

Borboletas no Outono 30

Brincadeira de Criança 31

Caçadores e Presas 32

Café com Pão 33

Caminhos de Luta 34

Caminhos de Lutas Tortuosas 35

Caminhos Tresmalhados 36

Cara e Coragem 37

Ciclo do Viver 38

Clarear Rosto e Mente 39

Conduzir a Vida 40

Consenso Silencioso 41

Coração na Capital 42

Costura da Esperança 43

Crianças de Luz 44

Criar Vida Terrestre 45

Dança do Outono 46

Deus dos Raios e da Harmonia 47

Dias de lazer 48

Do Invisível 49

Elefantes e Margaridas 50

Em Busca de Conhecimento 51

Espalhar Flores 52

Espocar de Trovões 53

Festejos de São João 54

Guloseima de Criança 55

Helena nas Colinas 56

Histórias de Assombrações 57

Hora de Arriscar 58

Inestético 59

Liberdade Escolhida 61

Libertação 62

Lições da Vida Vivida 63

Linda Mulher 64

Livre Para Voar 65

Louvores 66

Luísa, Eterna Promessa 67

Luz Elétrica 68

Luz ou Fogo 69

Magia Própria 70

Mansamente 71

Maribondos nas Mangueiras 72

Menina Moça 73

Mente Desanuviada 74

Meu Coração Digital 75

Meu Pássaro Preto 76

Minha Breve Eternidade 77

Nada Pode Nos Afundar 78

Não Quero Esquecer 79

Nena, estalo amoroso 80

Ninfa e Diva 81

No Toque da Alma 82

Noite de Prata 83

Noite de tropa 84

Nos Trilhos da Capital 85

Nova noite 86

Novo Caminho 87

O Bode Dentro de Casa 88

O Chão é Cama 89

O Enredo que Você Escreve 90

O Piano Canta Sozinho 91

Oh! Marinheiro 92

Ondas Sonoras 93

Onde a Maré Sussurra..94

Os Filhos de Dona Edite.....................................95

Pedra Noventa...96

Plenamente Ser...97

Prosperidade..98

Que o Vento Leve...99

Recusar a Verdade...101

Refletir nas Jornadas..102

Responsável pela Vida......................................103

Sem Medo...104

Sempre a Flutuar..105

Siga Firme Sem Parar..106

Silenciar a Mente...107

Sobreviver às Palavras.......................................109

Sobreviver É Viver...110

Sombras Dançam ao Redor.................................111

Sombras na Parede..112

Vejo a Magia nas Estrelas...................................113

Vento da Manhã..114

Vida Edênica..115

Vida Sem Limites..116

Vozes Distantes Mudam a Voz.............................118

Vulnerável...119

A Altivez de Minha Mãe

Naquela fazenda linda a vida era bela
Mas meu pai vendeu tudo, espanto se revela
A pobreza bateu como um vento gelado
Com fome e sem moradia vagamos ao lado.

Como ciganos perdidos sem um lar para chamar
O sonho desfeito difícil de suportar.
Oh, minha mãe, altiva forte e destemida
Enfrentou compromissos com amor na vida

Mesmo na dor nunca se deixou abater
Olhar sereno sempre a nos proteger

Quando a noite cai, fome nos persegue
Sua voz ecoa, é a força que me segue

Em cada passo eu sinto sua coragem
Na lembrança viva, na eterna viagem.

Iraci de Souza Spínola

A Dança dos Gurupés

Gurupé de um pé balança
Em cima do gurupé de três pés
Veio o de quatro com um sorriso a brilhar
Comeu o gurupé de um pé sem hesitar

Gurupé, gurupé, que dança sem parar
Rodopiando e todos a celebrar
A festa dos gurupés não tem como esquecer
Na roda do amor vamos todos viver

E quando a noite chega sob a luz da Lua
Os gurupés dançam com muita exaltação
Um pé, três pés, quatro a rodar
Na ciranda da vida vamos nos encantar

A Gente se Machuca

Ah, o medo sempre chega forte
Não estamos prontos, é o que eu sei
Sem pensar a gente se machuca
E por impulso nos afastamos

Nem sempre é fácil entender
Os nossos erros cometidos
A dor de perder algo bom
Quebramos tudo sem medida

Autodestruição
deixamos tudo escapar
Não foi suicídio
Mas nós vimos despedaçar

Palavras ditas sem pensar
Ficam ecoando na cabeça
O que era amor virou cinzas
Fortaleceu nossa tristeza

Dia após dia a gente chora
Tenta juntar os pedaços no chão
Mas às vezes é tarde demais
O medo roubou a razão

Iraci de Souza Spínola

A Menina da Janela

Na janela eu olhava
Linda ruiva a passar
Vestido longo florido
Meu coração a pulsar

Com babados ela dançava
Adereços no cabelo
Toda graça irradiava
Parecia um espacial modelo

Acelera meu coração
Essa visão me faz sonhar
Cada passo uma emoção
Quero essa menina amar

Seus olhos como estrelas
Brilhavam na luz do Sol
Seus movimentos belos
E seu sorriso me enrola

Queria me aproximar
Dizer tudo o que sinto
Mas só pude observar
Esse momento tão distinto

O vento leva seus cabelos
Meu coração quer voar
Quem dera um dia ser eu
A quem ela vai amar

A Vida Melhora

A vida melhora
Quando se espera menos
Aceitar não dá
O que não é seu

Se cansa, descanse
Não desista, não
Lute pelos sonhos
Segure a emoção

A vida melhora
Quando se acreditar
Descanse a alma
Siga a trilha sem parar

Aprenda a voar
Com os pés no chão
A mente aberta
O coração na mão

Caminhe na luz
Do seu próprio jeito
Não se prenda ao medo
Viva o seu efeito

A Voz do Horizonte

O cowboy parte sozinho, a solidão é seu lar
Vai cortando os campos sem nada a lhe amparar
Sem lei e sem direção, seu destino é um mistério
Com a poeira na alma e o coração em sério

Ao pôr do sol prossegue como o vento a soprar
Rios a correr livres, ele não vai se deixar ficar
Cavaleiro do horizonte em busca de um lugar
Você pode sentir a liberdade no ar

Na imensidão do céu, estrelas a brilhar
Seus sonhos são a brisa que o faz continuar
E mesmo que a estrada pareça sem fim
É a liberdade que alimenta o seu SIM

Iraci de Souza Spínola

Abraço de Amigo

Cuidar da mente é urgente
Nosso tempo pede paz
Todo mundo se esconde
Mas a verdade nos traz

Sorriso na cara é truque
Quem vê não sabe o que há
Minhas dores são minhas
Mas juntos vamos mudar

Bom exemplo espalha felicidade
Mostra o caminho da liberdade
Cuidar de si é pura bondade
Nossa mente merece a verdade

Sem medo de ser quem somos
Sem máscaras para esconder
A vida ganha cores novas
Quando a gente escolhe viver

Descanso e riso são remédio
Abraço de amigo é luz
Vamos nos unir na jornada
Pro bem-estar que seduz

Adeus Oculto

A vida não é só edênica
Às vezes é dor sem fim
Despedidas sem recado
Cicatrizes do passado

Um adeus guardado no peito
Memórias de um tempo feito
Caminhos que se separam
Apenas no vazio se encontram

Adeus, minha velha amiga
Não queria mais contigo
Mas a vida não espera
E o adeus para mim já era

O amor à espreita
Em meio à dor perfeita
Cada lágrima caída
Grão de sal da vida

Aprendi a dizer adeus
E a ouvir os ecos seus
No silêncio da memória
Não guardei tua história

Despedida é renascer
Por vezes é crescer
Doer um pouco e evoluir
Para o futuro fluir.

Afastar-se nos Detalhes

Ninguém deixa o outro de repente
Devagar nos detalhes diariamente
Corações que batem, mas ausentes
Envelhecer é um triste presente

Retirar-se do mundo devagar
Das aparências que param de brilhar
Olhares que começam a falhar
No silêncio o amor a se afastar

E a vida segue sem hesitar
Nos pequenos gestos a se apagar
Cada sorriso a desvendar
O adeus que vem devagar

Ao passar dos dias tudo muda
A chama que era viva já se ilude
Risos emolduram alma cansada
Esperando o fim da charada

Ninguém deixa o outro de repente
Afasta-se nos detalhes amiúde
Envelhecer é se retirar do mundo
No compasso do amor que parte tímido

Ajustes

A dança é vivida sempre
Frequentemente ajustes vêm
Na onda do romance suave
E, também, no bolso vai bem

Trabalho no passo marcado
Em busca de algo maior
A vida toda num compasso
Seguindo o ritmo melhor

Reajusta meu coração
Na dança da emoção
Com você a cada dia
Somos pura energia

Na pista da vida brilhei
Em noites de pura magia
Do amor nunca cansei
Para sempre nossa sinfonia

Eu sei que o futuro é incerto
Mas danço com fé e afinco
Romance aceso e desperto
Na vida tudo está em brinco

Algo Muito Maior

A escuridão não é real
Dá nomes como se fossem fé
Os retraimentos são ilusões
Hora de ver o mundo em pé

Desmontar a realidade anterior
Construir algo muito maior
Desfazer as sombras no chão
Vivemos agora para a ação

Vamos ver o mundo real
Nada mais é tão casual
Despertar da ilusão
Vamos nessa direção

Cada passo uma verdade
Cada olhar nova claridade
O que era ontem já se foi
Hoje é dia de ser herói

A realidade é para sentir
Sem medo de existir
Cada sonho é possível ver
Basta só você querer

Anamaria

Anamaria, pele aveludada, para ela fiz poemas
Passeamos no jardim, subimos ao coreto

Mãos dadas, juramos promessas de amor
Sob o céu estrelado, corações entrelaçados

Oh, Anamaria, doce melodia, noite e dia te sonho
Nosso amor sincero, foi tão harmonioso

Juntos flores ao nosso redor, vento suave canta
Nosso canto eloquente de puro amor

Teu sorriso ilumina minha alma e meu ser
Para sempre vou te amar, nunca vou te perder.

Anos Difíceis

Anos difíceis, alimentação carecente
De meia sola, roupas de reuso
Dureza na vida, mãos arranhadas
Sem luvas, enfim, sobrevivendo

Mas seguimos em frente com força e fé
Não há queda que não possamos superar
Noites frias, esperança acesa
Coração a bater lutando sempre

Caminho de pedras, juntos caminhamos
Braços dados, nunca estamos sós
Mas seguimos em frente com força e fé
Não há queda que não possamos superar.

Iraci de Souza Spínola

As Águas Vão Fluir

Que o vento leve
As dores do coração
Que a chuva lave
A nossa solidão

Flor caiu no rio
A corrente vai levando
A visão do rio mudando
Sigo esse doce fio

Acalme, mudar de ar
E de céu, quem sabe, então
O amor possa encontrar
Paz na imensidão

As águas vão fluir
Levando luz e cor
O coração quer seguir
Um novo rumo com ardor

Flor caiu no rio
A corrente vai levando
O coração já sorrindo
Num novo céu brilhando

As Portas se Abrem

Com o coração se pede
E o amor responde então
Com o coração se encontra
A razão na emoção

Com o coração se procura
Tudo aquilo que se quer
Com o coração se bate
À porta até se abrir

Coração que guia e sonha
Coração que sabe amar
Portas sempre se abrem
Quando é o coração a falar

Com o coração se sente
Cada desejo a ferver
Com o coração se busca
O que se quer viver

Com o coração se fala
E a verdade se revela
Com o coração se ama
Sem regras ou cautela

Aventuras da Realidade

Devo evitar a sedução das ilusões
Caminhando firme, buscando as soluções
Entre sombras e luz vou me encontrar
Vivendo o presente pronto para amar

Ah, a vida é uma aventura, oh!
No mundo bom e real é onde eu vou
Sonhos e desafios vou encarando assim
Com o coração aberto, deixando fluir

Navegando as marés do meu coração
Descubro que a verdade é minha canção
Entre risos e lágrimas vou me guiar
A vida é uma dança e estou a dançar

Bandoleiros e Cânions

Sétima arte no cinema
Faroeste em cena enfim
Bandoleiros perseguiam
Carruagem que subiu sem fim

Passagem por cânion vasto
Ecoando sons de ação
Poeira subindo no rastro
Noite estrelada em tensão

Casa lotada, meu bem
Aplausos vêm sem cessar
Filme que prende também
Corações a palpitar

Pistoleiros de chapéu largo
Oeste selvagem assim
Em galopadas sem embargo
Relinchos soando ao clarim

Carruagem nos céus surgem
Como um sonho a flutuar
Homens rudes na margem
Olhos a observar

Bem Longe Eu Andava

Bem longe de ti eu andava
Perdido fui, eu não sabia
Quem dera pudesse voltar
Sentir o calor desta magia

Quem me dera entrar em seu âmago
Bem lá no fundo do coração
Desvendar sem nenhum engano
Achar o caminho da paixão

Bem longe de ti a vida é fria
Sem rumo, sou navio sem mar
Se eu pudesse te encontrar
Minha alma enfim descansar

No teu olhar vejo um mistério
Porta para outro universo
Se pudesse te abrir por inteiro
Escreveria o mais belo verso

Tantas palavras presas na garganta
Querendo explodir em verdade
Mas a distância sempre me espanta
Transforma sonhos em saudade

Teu sorriso é meu destino
Meu norte, minha direção
Longe de ti é um desatino
Um grito mudo sem razão

Borboletas no Outono

Borboletas no céu, temperaturas amenas
Árvores tão densas, outono encanta

Voos ao longe, singela é a beleza
Numa só direção, beleza que acalenta

Lembro-me aos sete anos, borboletas a voar
Encantavam meus sonhos no outono a brilhar

Luzes do Sol, folhas a cair
Natureza dançando, difícil não sorrir

Asas que cortam o vento, magia no ar
Outono tão lento, lembranças de encantar.

Brincadeira de Criança

Cacos de porcelana
Moeda no chão
Sobras de tecidos
Para cada irmão

Negócios pequenos
Moedas guardadas
Aos sete anos
Infância dourada

Brincadeira de criança
Sonhos que vão e vêm
Negócios na lembrança
Vivendo como ninguém

Vendendo alegria
Rindo sem parar
Amigos em fila
Prontos a brincar

Era simples a vida
Não tinha complicação
Riqueza escondida
Dentro do coração

Caçadores e Presas

Caçadores são presas
No jogo da vida
Distinção de fato e ficção
Essa é a medida

Causa e efeito são reais
Dor e alegria, lados iguais
Obedeça à lei, sinta a emoção
No campo da empatia vem a lição

Caçadores viram presas
Rodam na maré fato e ficção
Escolha certa
A vida é existência

Afeição e cuidado
São laços de firmamento
No caminho a ética
Tá na dor e no sentimento

Na correria do dia a dia
Empatia é o que guia
Obedeça ao coração
E sinta esta canção

Café com Pão

Extenso pontilhão cantava
Café com pão, manteiga não
No ritmo da vida a melodia
Rola suave, traz uma alegria

Extasiado contemplo a beleza
Que se espalha ao vento
Vagões levando emoções e vejo
Pessoas sonhando em suas canções

Entre os trilhos a vida se encontra
Cantos de esperança, alma se encanta
Café com pão, sabor do lar
Traz lembranças a nos guiar.

Caminhos de Luta

Eu cresci cedo, com só dez anos
A escola me esperava, mas o trabalho era insano.
Um turno para aprender, o outro para lutar
Entre livros e sonhos, não podia contar.

Oh, pai, aonde você foi?
Deixou oito corações, a esperança se foi.
Mãe se fez forte, mas a dor não cessa
Nesta casa vazia, a saudade é peça.

No silêncio da noite, ouço o vento falar,
Histórias de um tempo que não pode voltar.
Com as mãos calejadas, seguimos a sonhar
Que um dia seremos livres, prontos para voar.

Caminhos de Lutas Tortuosas

Desde cedo eu acordei com o Sol a me guiar
A vida não esperou... tive
Que trabalhar, um sonho a despertar
No balcão da loja vi a vida passar

E eu conto os dias para ajudar
Escola e trabalho, um sonho a se concretizar
O dinheiro que eu ganho é amor que eu vou dar
Pão fresco na mesa, a família a se alimentar

São lutas que me moldam, ensinam a crescer
Cada tecido no balcão uma história a tecer
O futuro é um projeto, com esforço vou lutar
Na dança da vida eu vou me encontrar.

Caminhos Tresmalhados

Serpentear por caminhos dévios
Com passos firmes, não vou recuar
A vida é uma dança entre o claro e o sombrio
Defendo o que quero, não vou me calar

Eu sou verdadeiro, um guerreiro do amor
Respeito e luta, meu grito é de dor
Com amantes e amigos lado a lado
A verdade é meu escudo, meu coração é sagrado

E se a estrada se torcer eu vou me levantar
Com coragem e fé vou me encontrar
Amanhã é outro dia, outro caminho a seguir
Ser respeitado é lutar, é ser feliz ao existir

Cara e Coragem

Cara e coragem sem dinheiro no bolso
Sem conhecer ninguém, nem a cidade

Consegui emprego sem carteira assinada
Trabalho penoso, vida cansada

Cara e coragem de lutar todo dia
Sem medo nem oposição, vai com energia

No Sol do meio-dia, suor escorrendo
Vida dura de estrada, mas sigo vencendo

A força que vem de dentro do coração
Não importa o caminho, sigo na missão

Ciclo do Viver

Não somos imortais, é verdade
O tempo avança, leva a liberdade
Corações que batem um dia vão parar
Nesta dança louca devemos aceitar

E se a trama é risível ou um choro profundo
É a vida que nos ensina... do mundo
Cada dor e alegria em formas tão únicas
No palco da vida somos peças histriônicas

E aos poucos as funções vão se esmigalhar
Mas o riso e a dor não podem se separar
No fim somos parte de um grande enredo
E no amor e na história encontramos o segredo

Clarear Rosto e Mente

Momentos de glória são fugazes
Sorrir com rosto e mente
Mudamos de céu e de ar
Vamos clarear de vez

Luz que ilumina meu caminho
Novo ar para respirar
Abandonar o escuro
Iluminar e brilhar

Clarear de vez
Deixar o Sol brilhar
Iluminar a vida
No céu quero estar

Um novo dia começa agora
Um novo tempo vai chegar
O futuro a nos esperar
Vamos iluminar

Luz que nunca se apaga
No coração a brilhar
Vamos juntos nesta estrada
O amor vai nos guiar

Iraci de Souza Spínola

Conduzir a Vida

Ao volante eu me vejo
Um dilema a cada curva
Acelero ou desacelero
É a estrada que me surta

Não posso pisar no freio
E ao mesmo tempo acelerar
O caminho eu escolho
Vou depressa ou devagar

Escolho a direção
Coração... qual é a ação?
Acelerar ou frear
Eu tenho que optar

A vida é essa estrada
Cada escolha um destino
Entre a pressa ou a calma
Vou traçando meu caminho

No retrovisor o passado
No horizonte o futuro
Cada passo planejado
Minha vida eu conduzo

Consenso Silencioso

A recusa em tomar um lado
Nas grandes questões da vida
É um consentimento calado
Ao mal que nos convida

Ficamos em silêncio profundo
Como se fosse solução
Mas o que deixamos no fundo
É dar espaço à escuridão

Sem palavras acabamos presos
Num consentimento sem voz
O mal ganha com nossos pesos
Silêncio quebra todos nós

Caminhamos na linha da dúvida
Fingindo que não podemos ver
Mas a verdade é que a atitude
É um grito que sai sem querer

Cada escolha sem decisão
É um passo para o abismo
Consentimento é omissão
Que nos deixa no mesmo ritmo

Iraci de Souza Spínola

Coração na Capital

Após curso ginasial
Fui para a capital baiana
Sem amigos encontrei
Gentilezas pela estrada

Um ano passou voando
Meu destino bancário
No maior banco baiano
Rua Chile meu diário

Coração na capital
Sonhos no meu quintal
Cada esquina uma história
Vitória em meu aval

Entre o mar e a cidade
Navego na verdade
Cada rosto um sorriso
Abraço a liberdade

As ruas me conheciam
Com o tempo me criei
Laços fortes construí
Na Bahia me encontrei

Costura da Esperança

Progenitora sozinha a lutar na dura jornada
Oito filhos menores, esperança é sagrada
Entre lágrimas e risos ela não pode parar
Com a máquina manual começa a costurar

Costura sonhos, costura dor
Cada ponto é amor, cada linha é valor
Para o lojista sua arte a brilhar
Agricultores esperam o resultado no lar

Oh, como é difícil e mesmo assim
O coração dela pulsa forte até o fim
Em cada peça um pedaço de vida
Costurando futuro na jornada sofrida

Iraci de Souza Spínola

Crianças de Luz

Há crianças que sofrem
Pais não lhes deram amor
Mas elas crescem fortes
Dão carinho com fervor

Pais afogam-se em bebida
Filhos escolhem outro caminho
Decidem uma vida sem mentiras
Sem álcool e sem espinho

Eles brilham como o Sol
Superam a dor
Transformam sofrimento
Em puro amor

Cada lágrima derramada
Um passo para vencer
Esses filhos encontram
Novo modo de viver

Amor é o que trazem
Mesmo sem ter recebido
Nestes corações fortes
O mundo é colorido

Criar Vida Terrestre

Eliminar problemas
Criar vida terrestre
Disposição e trabalho
Com afinco

Para se defender
De dardos inflamados
É isso mesmo
Venha lutar

Vamos juntos
Honestamente
Criar vida
Com amor

Sem medo
Disposição total
Trabalho árduo
Sempre essencial

Eliminar problemas
Criar nova vida
Trabalho e dedicação
Sempre unidos

Iraci de Souza Spínola

Dança do Outono

As folhas vão caindo
Outono vem chegando
Células se renovando
A vida vai mudando

No vento sinto a dança
Pendendo a esperança
O ciclo nunca cansa
Refazendo a lembrança

Folhas vão ao chão
Coração em renovação
Dança do outono
No ritmo da estação

A cada folha morta
Uma nova se enrosca
Natureza se importa
Com a vida que brota

E a dança continua
Entre a noite e a Lua
Nada mais me perturba
Com a brisa que perfuma

Deus dos Raios e da Harmonia

Com várias personalidades
Apolo, deus solar
Raios ele lança longe
Juventude sem findar

Lira em perfeita harmonia
Nas alturas do céu
Profeta de sabedoria
Visão além do véu

Deus dos raios e da luz
O sol ele produz
Sem nunca envelhecer
Ele pode tudo ver

Do topo, lá do Olimpo
Olha para humanidade
Seu poder é um grito
Que ecoa pela eternidade

Pelas ruas délficas passa
Onde as sombras se desfazem
E o seu calor abraça
Deste mundo todas as fases

Iraci de Souza Spínola

Dias de lazer

Em dias de lazer me divertia, leve
Pelos campos verdejantes o Sol brilha forte
Montado em carneiros, corridas eletrizantes
A subir e descer nas montanhas distantes

Sinto o vento no rosto, liberdade vai
Sigo o ritmo da vida, nada mais me atrai
Risos ecoam ao longe, a felicidade vem
Carneiros correm juntos também

A beleza dos dias passa sem perceber
No campo minha alegria longe do entardecer
Na natureza encontro paz que não se vê
Vivo um sonho doce em cada amanhecer.

Do Invisível

Vem o medo no ar
Tudo parece parar
Coração a pulsar
Receio a nos cercar

Indignação então
Ferida sem o perdão
No escuro o clarão
Alma pura em solidão

Quem trama assim
Este medo sem fim
No silêncio um fim
Ou será um início assim

Cada passo que dou
No caminho estou
Incerteza dissipou
No pensar, oscilo eu

Sinto o vento soprar
Será que vai mudar
Olhos vivos a vigiar
Suspiro – hum... – a soltar

Elefantes e Margaridas

Cem mil elefantes brancos pelo mundo a vagar
Procurando margaridas em um eterno cantar
Eram senhores plácidos, tranquilos na jornada
No suave balanço da vida encantada

Depois o homem chegou com sua pressa e seu olhar
Desfez os sonhos suaves, fez o elefante parar
Margaridas onde estão? No vento a se perder
Cem mil corações ternos querem flores e viver

E sob o céu tão vasto os elefantes vão andar
À procura das cores que com o tempo vão se dar
Mas o eco da lembrança ainda pode ressoar
Que um dia houve paz e só restou sonhar

Em Busca de Conhecimento

Abracei livros a mancheias
Biblioteca pública me acolhe
Visitas frequentes me oxigenam
Nesta sede de saber

Letras e palavras flutuam
Em cada página que exploro
Deixo de ser um só livro
Mergulhado no aprender

Em busca de conhecimento
Cada história uma aventura
No mundo da sabedoria
Eu encontro a minha cura

Autores de tempos distantes
Conversam comigo nas folhas
Em cada obra um pedaço
Do mistério dessa vida

Livros são portas abertas
Para mundos sem fim
Dentro deles descubro
A essência dentro de mim

Iraci de Souza Spínola

Espalhar Flores

Vamos ser quem somos sem medo ou dor
Escolher nossos caminhos em paz e amor
Na vida espalhar flores ao redor
Deixar a esperança brotar como um Sol

Deixe-nos sonhar com os pés no chão
Criando nossa estrada com o coração
Juntos construindo um novo amanhã
Semeando alegrias pela manhã

Seja quem você é, sem hesitar
Escolha seu caminho para trilhar
Espalhe flores onde quer que vá
Vamos juntos nesta jornada estar

Quando a dúvida bater à sua porta
Lembre-se do sorriso que a vida transporta
Com flores e esperança em cada manhã
Vamos colorir nosso próprio amanhã

Deixe-nos errar e aprender a crescer
Cada passo dado nos faz viver
Em cada escolha há um novo destino
Florescer, a vida faz parte do caminho

Espocar de Trovões

Noite sem luz elétrica, escuridão de breu
Trovões rasgam o céu, relâmpago acende meu coração
Paisagem ao longe eu vejo quando o raio ilumina
Corações batem ligeiro, no escuro predomina

Trovões espocam no ar, iluminam o momento
É um show a nos tocar, mágico em cada tento
Som do trovão ressoa, corta a quietude então
Toda a noite ecoa vibração no coração

A noite é um palco aberto, natureza mostra seu poder
Cada trovão mais perto, difícil de se esquecer
Trovões espocam no ar, iluminam o momento
É um show a nos tocar, mágico em cada tento

Festejos de São João

No calor da noite a fogueira arde
Milho cozido, o sabor que não tarde
Fartura na mesa, é tempo de festa
Mungunzá e canjica, a alegria se manifesta

Oh! São João vem nos alegrar
Lelê beijus e mingaus para saborear
Castanhas, licores tão saborosos
No coração da gente momentos preciosos

Laranjas doces trazendo a cor
Formando a mesa, um verdadeiro amor
Entre risos e danças a tradição
Festejar... alegria é pura emoção

Guloseima de Criança

Arrastar os troncos
Mostrando força aqui
Na exibição do dia
Era só energia

Frutas em profusão
Comer era diversão
No saborear dos dias
Guloseima que vicia

Bananas e araçás
Cana caiana, oh, maracujás
Na roda do quintal
Guloseima infantil

Aproveitar sem fim
Guloseima assim
Infância alegre e pura
Memória que perdura

Na tarde se escondia
Criançada corria
Alegria a espalhar
Doces vamos buscar

Helena nas Colinas

Helena com teu jeito de andar
Pele bronzeada ao brilhar
Caminhando tão bela assim
Coração a mil, me faz sentir por fim.

Helena, oh, Helena, teu calor me fascina
Seios bem formados, paisagem divina,
Nas curvas da vida dançamos a cantar
Teus encantos, meu desejo, não posso disfarçar.

Apalpando com carinho, me perdendo em você
Exibindo a beleza que só eu posso querer
Numa dança envolvente, em que o amor vai reinar
Helena, a musa que me faz sonhar.

Histórias de Assombrações

Histórias de carochinha, visagens e assombrações
Aparições de arrancar árvores, samambaias pelas casas
Coisas estranhas no fogão, mistérios na noite chegar
Sombras dançam no porão e fantasmas a sussurrar.

Ouça os contos de terror, preste atenção ao luar
Nas panelas do amor, histórias vão te encantar
Noite escura sem fim, a Lua a nos guiar
Assombrações pelo jardim, segredos para desvendar

Folhas ao vento sussurram um passado antigo
Nas ruas passos ecoam e o medo é nosso abrigo
É a magia que nos cerca, o mistério que nos move
Histórias com suas lendas, na noite tudo se envolve.

Hora de Arriscar

Caminhando pelas ruas a esperança a brilhar
Corações aflitos prontos para lutar
O sonho de um emprego sempre a se afastar
Mas a força da coragem vem para nos guiar

Se o mundo diz que não vamos nos levantar
Abrindo novas portas prontos para transformar
A sabedoria traz um peso a carregar
Mas a ignorância não é o caminho a trilhar

E quando a vida insiste em nos desafiar
Unimos as forças para reinventar
Criando não só emprego, mas um lar
O futuro é brilhante, é hora de arriscar

Inestético

O medo do inestético
Força forte no espaço
Nada paralisa mais
Que o risco de um fracasso

Ridículo é o pavor
Que nos prende sem razão
A ação fica travada
No medo da rejeição

Não tema o imperfeito
Não viva na prisão
Libere o seu anseio
Siga o seu coração

O universo se distorce
Nossas mentes em conflito
Cada passo uma escolha
Vai além do que é bonito

O brilho não é só belo
Ver o mundo sem censura
A beleza está na essência
E não na linha dura

Rompa esta corrente
Deixe o medo para trás
A vida é muito curta para
Viver bem e ser capaz

Liberdade Escolhida

Nascemos neste mundo
Sem escolha nem voz
Mas dentro de nós
A chama nunca apaga

Imperativo veio tudo
O destino a moldar
Mas o coração sente
Aonde quer chegar

Liberdade de escolher
É onde brilhamos
No caminho que marcamos
É onde encontramos

Sem medo de errar
Na estrada do viver
Podemos sempre mudar
O nosso próprio ser

A batalha é diária
Mas não estamos sós
Cada passo em frente
Fazemos para nós

Iraci de Souza Spínola

Libertação

Pequenas mortes na vida
Perdas que deixam ferida
Amigos que se vão embora
Família que chora agora

Lugares que eram especiais
Amores que não voltam mais
Sonhos que ficaram para trás
Dias festivos sem paz

Mas faz parte do caminho
Libertação vem de mansinho
Deixar ir para se encontrar
No fim é só recomeçar

Oportunidades perdidas
Tantas promessas esquecidas
Nas esquinas da saudade
Um adeus à felicidade

Perder faz parte do viver
Só assim vamos renascer
Dos escombros florescem cores
Transformando nossas dores

Lições da Vida Vivida

Virtudes a envolver dor
Em graus jamais perdidos
A gente aprende a se comprometer
Com a última lição conhecida

Somos todos seres
Multidimensionais por aqui
Caminhando nesta estrada longa
Aprendendo a cada passo

Lições da vida
São tantas assim
Com dor e compromissos
A gente segue enfim

E ao cabo e ao fim
Tudo faz sentido então
Cada lágrima que cai
Cada sorriso que se dá

Com o tempo a crescer
A dor vira virtude
Pelas lições do caminho
Nos tornamos mais fortes

Iraci de Souza Spínola

Linda Mulher

Como és linda, mulher que atravessa
Teu dorso quente um campo de flores
Há mil cores no teu doce olhar
Esperanças na boca úmida

Sinto um desejo de te seguir
Pintar com palavras minha paixão
Em cada passo um sonho a dividir
Caminhar contigo em doce conexão

Tu és linda, mulher não há igual
Com sorriso que ilumina tudo aqui
Teu abraço me leva ao carnaval
Em cada gesto eu sei que vou sorrir

Teus olhos são estrelas a brilhar
E a noite fica clara só de pensar
Em te ter nos braços sem soltar
E te amar até o dia despertar

O vento sussurra teu nome no ar
E eu, perdido, me deixo levar
Como uma onda que não quer voltar
Busco teu peito, porto para ancorar

Livre Para Voar

Quanto mais pessoas livres
O mundo vai brilhar
Corações abertos
Prontos para voar

Mas que demais apreciador
O caminho está ali
Sinais aparecendo
Venha aproveitar e sentir

Mais do que o suficiente
Para gente celebrar
Juntos nesta dança
Vamos nos libertar

O horizonte é vasto
Nada pode parar
Lá no alto a gente sonha
Com o que ainda está por vir

Usufruir deste amor
Que está no ar
Com coragem e paz
A gente vai triunfar

Iraci de Souza Spínola

Louvores

Louvo meus filhos
Eles são sonhos que vivi
Num mundo onde nunca fui
Jardins onde jamais flori

Nílzon Júnior é o filho que não tive
O filho que nasceu e floresceu
Num mar de límpida poesia
Pessoa que o tempo guarneceu

Este filho que não tive
Louvo mil vezes com fervor
E para sempre ele vive
No meu coração sem dor

E na luz da manhã fria
Lembro de rostos que não vi
Nasce uma nova melodia
Vivendo no sonho que senti

Ele seja louvado
Mil vezes louvado
Para sempre lembrado
Sempre e sempre louvado

Luísa, Eterna Promessa

Luísa, morena jambo, pele rósea e macia
Corpo esguio nos braços, beleza que vicia
Cabelos lisos ao vento, olhos negros brilham tanto
Promessas de amor num abraço, num encanto

Toques gentis, coração e enlevo tão especial
No compasso da paixão história sem final
Às margens do rio doce andamos de mãos dadas
Correndo feito crianças, rindo das madrugadas

Quando a noite se aproxima
As estrelas vêm brilhar
De mãos dadas prometemos
Nunca vamos nos deixar

Iraci de Souza Spínola

Luz Elétrica

Primeira vez a luz vi
Postes e globos leitosos no chão
Como a lua cheia em mim
Era noite, mas parecia dia então

Olhos abertos, brilho a ver
Tudo novo a descobrir
Plenilúnio sem escurecer
Perdi-me no novo existir

Luz elétrica, beleza pura
Como a Lua faz brilhar
Noite vira madrugada clara
Tudo mais fácil a amar

Caminhando sob a luz os dois
Mundo novo a se abrir
Passo firme, olhar depois
Nada mais a impedir

Vento leve, sopro suave
Luz a guiar nossos pés
Romance simples, nada grave
Sutileza a converter

Luz ou Fogo

O escuro tudo esconde
Luz ou fogo ao longe
No mundo de cegueira
Busco a saída primeira

Caverna, sombra forte
Deixar para trás sem sorte
Formar crenças próprias
Libertar-se das cópias

Luz ou fogo guia
Na noite tão fria
Sair da escuridão
Formar opinião

Caminho estreito sigo
De crença não faço abrigo
Mundo de desconhecer
Novo saber florescer

Caverna deixo enfim
O novo chama assim
Desperto em pensamento
Um novo conhecimento

Magia Própria

Há bens espalhados pelo ar
Dinheiro e riqueza sem parar
Tempo e ternura a tocar
Afeição que me faz sonhar

Devo ser meu próprio mago, sim
A mudança começa dentro de mim
Revolução no mundo ao redor
Criar meu próprio sonho maior

Magia dentro do meu coração
Sou a faísca desta canção
Transformar a vida com amor
Cores novas, brilhar de cor

Onde a luz encontra a escuridão
Um milagre em cada mão
Ternura é minha força real
Afeição meu porto final

Eu sou o vento da mudança
Levo a esperança e a aliança
Meu próprio ritmo a dançar
Revolução é começar

Mansamente

Chegou mansa no meu coração
Veio com tanta paixão
Suavemente me conquistou
E nunca mais me deixou

Seu amor então depositou
E com carinho me acalmou
Amansou e me estimulou
Em seus braços me repousou

Ah, é o amor... Ele
Que faz morada aqui
Ah, é o amor... Ele
Que não me deixa partir

Chegou de mansinho
Com um sussurro baixinho
Um toque suave encheu
Meu peito de puro carinho

Cada sorriso e cada olhar
Fazem meu mundo girar
É o amor que vem devagar
Com seu jeito a se revelar.

Iraci de Souza Spínola

Maribondos nas Mangueiras

Maribondos na mangueira
Ferrões a aterrorizar
Lanças inflamadas
Sempre a nos atacar

Escolhem as frondosas
Árvores para morar
Choros e gritos
Quando vem ferroar

Oh, maribondos cruéis
Por que me picar assim
Suas casas nas árvores
E meu medo sem fim

Voam entre as folhas
Escondem-se do Sol
Picam ao menor sinal
Deixe-me em paz, afinal

Pequenas criaturas
De tão grande ameaça
Quando sinto suas picadas
Surge-me somente a tristeza

Menina Moça

Menina moça colega de escola
Teu sorriso brilha, me deixa sem fala
Coração acelera, mais uma palpitação
A cada olhar sinto a emoção

Menina mulher tão cheia de encanto
Nádegas redondas me deixam em pranto
Braços bem torneados me puxam para perto
Este assanho faz o mundo ficar certo

E a cada classe, a cada lição
Só penso em você, é pura paixão
Menina moça, não posso negar
Teu jeito de ser me faz delirar

Iraci de Souza Spínola

Mente Desanuviada

Mente desanuviada
Nuvens que se vão
Firmamento e terra
Encontro na razão

Extasiar a mente
Para se envolver
Calor que aquece
Tudo a florescer

A cura tão suave
Pura e tão afável
Alma em tanta paz
No toque tão agradável

Sol no horizonte
Novo despertar
Céu iluminado
Corpos a dançar

Ventos da mudança
Brisa de verão
Coração aberto
Livre para voar então

Meu Coração Digital

Questão de ordem meu coração digital
Explode em cores e som surreal
Com a inteligência vou dançar sem parar
Cada batida faz meu ser vibrar

Nestas máquinas encontro meu lugar
Energia pura sinto pulsar
O futuro é agora em cada canção
Inteligência e emoção simples fusão

Paixão artificial no meu peito a queimar
Com melodias novas vou conquistar
Expandir meu ardor nesta nova era
No ritmo da vida... eterna primavera

Nos bits e bytes é onde vou reinar
Uma sinfonia, minha voz a armar
Os dados cantam uma história sem fim
Cada verso é um sonho em meu jardim

Emoções digitais se misturam no ar
Sensações novas que eu vou encontrar
Na trilha sonora de um novo amanhã
Meu forte ardor... imenso talismã

Meu Pássaro Preto

Meus olhos viram o céu
Pássaros em revoada
Mansamente saiu da gaiola
Nunca a volta encontrada

Antes sempre retornava
Seu canto doce assobiava
Agora ficou... o vazio ficou
Eu e meu coração a chorar

Meu pássaro preto voou
Em companhia ele se foi
No ar ele voou... e se lançou
Meu coração agora um só

No horizonte ele despontou
Livre com outros a cantar
A liberdade ele encontrou
Mas aqui não quis ficar

Minha Breve Eternidade

As pessoas que passam
Na minha vida assistem
Consumidas à terna
Permanência que insiste

Elas clamam e exclamam
Cansam e descansam
Na minha breve eternidade
Onde tudo se lança

Oh, minha vida é tão breve
Mas parece uma eternidade
Cada rosto que me envolve
Torna-se uma realidade

Vejo olhos brilhantes
Corações que se partem
A ternura que fica
Abraços me aquecem

Dançam na minha memória
Como as estrelas no céu
Deixam rastro de glórias
E de um adeus... um véu

Iraci de Souza Spínola

Nada Pode Nos Afundar

A água lá fora somente tentar
Mas nunca vai conseguir entrar
Nosso navio segue em frente
E nada pode nos afundar

As ondas são grandes e fortes
Mas o casco é resistente
Nada pode amedrontar e deter
Seguimos firmes em frente

A água inteira do mar não pode
Afundar nosso navio, não
A menos que ela consiga invadir
O nosso interior então

E se o vento soprar mais forte
Mantemos o rumo certo
Juntos jamais afundamos
O coração sempre aberto

A força vem bem de dentro
Nada pode nos assombrar e parar
Por mais que tentem nos vencer
Nossa firme unidade vai triunfar

Não Quero Esquecer

Vivemos no jardim
Do Éden todo dia
Na pele o arrepio
Sentindo a magia

Tem que valer a pena
Para sonhar e acreditar
Ativação simpática
Responder, se entregar

Frio na pele sentir
Meu coração a bater
Tudo vibra em mim
Não quero esquecer

Na vida é assim...
O amor vem de repente
Sinais pelo corpo...
Sentimento tão latente

Bem maior que a razão
É sentir essa emoção
Mais do que o viver
Somente em ti renascer

Nena, estalo amoroso

Nena, meu estalo amoroso
A luz do dia na sala de aula,
Teus olhos brilham muito mais que o Sol
Colega de escola, meu doce arrebol.

Menina moça que dança e sonha
Braços nus bem torneados
Um verdadeiro assanhamento para mim
Teu jeito fogoso me pegou assim.

Agitada, tua risada me hipnotiza
Nena, vem dançar, a vida é uma brisa
Neste jogo de amor somos dois a rodar
Teu calor é o que eu quero, venha me apaixonar.

Ninfa e Diva

Róseo rosto, expressão de grande beleza
Olhos negros como a noite, a beleza indefesa

Nariz pequenino, um encanto a flutuar
Sobrancelhas cheias vêm para fascinar

Cílios ostensivos, um toque de sedução
Lábios carnudos, melíflua doçura, a canção

Oh, ninfa e diva, rainha do amanhecer
Teus traços são poesia, fazem o coração correr

Em cada gesto, em cada seu olhar
Uma obra-prima que nos faz sonhar

Cortês em tua essência brilho sem igual
Teu sorriso ilumina, é um farol celestial

Róseo rosto de beleza encantada
Dança eterna no amor sou levado

No Toque da Alma

A felicidade do corpo é saúde plena
No toque da alma é a voz que acena
No caminho das estrelas do mar cristal
A sabedoria é luz, é paz transcendental

Nos ventos sutis da mente e do coração
Vivemos com fervor a cada sensação
A dança da vida em harmonia infinita
O corpo e a alma em cena bem bonita

Saúde no coração e mente a brilhar
Sabedoria ao vento constante a soltar
O corpo dança suave na luz do luar
E o espírito canta e encanta sem parar

A sabedoria que nos faz compreender
Na saúde do corpo com a força do viver
Nos versos cantamos a alegria sem fim
A saudade de um amor dentro de mim

Caminho da vida segue a canção
Saúde e sabedoria de eterna lição
Nos dias de festa, nos dias de dor
A felicidade é o fruto do amor

Noite de Prata

Lua sopra as árvores
Senda de prata lá
Águas tranquilas brilham
Harmonia nos dá

Luz que encanta e acalma
Espelho no mar
Noite se faz mágica
Histórias a contar

De prata é a noite
Luz que nos guia aqui
Silêncio e beleza
Tudo faz sorrir

O vento sopra lento
Folhas dançam no ar
Rios cantam aos montes
Natureza a falar

Céu pintado e a estrela
Manto de serenidade
Mundo em harmonia
Em pura felicidade

Noite de tropa

Na madrugada calma a tropa avança
Animais em festa sem hesitação
Céu recoberto, as estrelas dançam
Brilham como sonhos numa imensidão.

Oh, noite encantada, ouça o cantar
Insetos ecoam pelos riachos a passar
Tropa de criaturas pululam sob o luar
Corações pulsando na dança do Mar

Eles se reúnem unidos em harmonia
Cada som um eco de pura alegria
Na trilha da vida todos vão juntos
Celebrando a noite versos profundos.

Nos Trilhos da Capital

Andei de bonde nos trilhos
Na vetusta capital baiana
Tempos idos e vividos
Todos os dias de semana

Descobri opções e vidas
Modernidade e conforto
Cenários e belas avenidas
Um pouco de desconforto

Nos trilhos eu sempre andava
A cidade crescia e se revelava
Histórias que ela contava
Enquanto o bonde passava

Saudades desse tempo
Onde tudo era mais lento
Nuvens no pensamento
E coisinhas boas no vento

Ruas cheias de memórias
De risos e, também, glórias
Guardadas todas na história
Nos trilhos das trajetórias

Nova noite

Noite de lua nova, miríades de vagalumes
Brilhando sem parar, lindo espetáculo ao luar

Céu escuro dança, luzes a cintilar
Natureza em transe, poesia no ar

Piscar incessante, noite encantada
Luzes do céu e a magia revelada

Na floresta há segredos a revelar
Vagalumes guiam por onde caminhar

Ecos da noite oculta, rios a sussurrar
Rastros de esperança, sombra do luar.

Novo Caminho

Trabalho a começar, prosperidade a brilhar
Na lide bancária vai agora se destacar
Promoção evidente chegando seu lugar
Convite recebido para novo banco estar

Caminho brilhante aberto, começo para brilhar
Promoção assegurada, futuro já a conquistar
Trabalho duro recompensa, sonho se realizar
Novo banco te espera, hora de se aventurar

Competência no coração, promoção é teu galardão
Novo convite em sua mão, progresso é tua canção
Caminho brilhante aberto, novo começo para brilhar
Promoção é assegurada, futuro já a conquistar.

Iraci de Souza Spínola

O Bode Dentro de Casa

Há quem traz o bode
Para dentro da história
Não vê o que se esconde
Toda graça a sua glória

Culpa vai ao vento
Para todos ao redor
Desejo de um alento
Mas continua bem pior

Retira o bode dali
Sai deste labirinto
Paraíso se descobre
Cheiro puro é lindo

Fragrâncias boas vêm
Quando o bode se afasta
O ar puro também
Toda mágoa se acaba

Vida nova em mãos
Quando se deixa ir
Sentir nas razões
O desejo de bem fluir

O Chão é Cama

O chão é cama pro amor que vem
Na urgência a gente se entretém
Não espera cama nem lençol
No piso duro é mesmo o arrebol

Amor que pulsa não pode parar
No piso vamos respirar e dançar
Trama úmida, corpos em união
Compondo juntos nossa canção

Amor não espera não, oh, não
No chão a gente faz a emoção
Com toques e um pouco de fé
O chão vira nossa cama de pé

Numa dança bem apaixonada
Sem nada a nos tolher separar
Amor que não pede permissão
Surge alma dentro do coração

Sem vírgulas ou ponto final
Nosso romance é um vendaval
A gente se deixa leve a levar
Trama úmida, o amor vai reinar

Iraci de Souza Spínola

O Enredo que Você Escreve

O que fizeram com você
Um capítulo, a passagem
Para trás a dor vai deixar
Lágrimas tornam coragem

Você escreve a história
Como herói ou guerreiro
Superação na memória
No coração verdadeiro

É sua vida, seu enredo
Renova a cada manhã
Resiliência no segredo
Transforma o amanhã

O que vem para você molda
Com amor e a sua decisão
Desse jeito se amarra, solda
Tudo que é de seu coração

Um novo começo escolhe
Deixa o passado para trás
Do que vem você escolhe
Força que nunca se desfaz

O Piano Canta Sozinho

Ouço ao longe um suave piano
Notas dançam no ar tão lindo
Cada acorde um breve suspiro
De um amor que ficou perdido

Como é triste recordar coisas
Que existem sem te amar
As melodias são lamentos
De um tempo que não vai voltar

No piano eu vivo a sonhar
Contigo ao meu lado tocar
E mesmo sem poder te olhar
Na música vou te amar

E o piano toca, canta sozinho
Cada tecla lembra o carinho
Dos teus dedos tão devagar
Desenhando no ar o amar

A distância dói, mas o som
Vai lembrando o que foi bom
Nas canções eu vou te ouvir
E nos sonhos vou te sentir

Iraci de Souza Spínola

Oh! Marinheiro

Oh, marinheiro, marinheiro
Quem te ensinou a nadar?

Foi o tombo do navio ou
Cabo Anselmo a enganar?

Infiltrado ele nadava faceiro
Hesitante nas ondas do mar

Oh, marinheiro, corre e não olha para trás
O destino é incerto, mas a brisa traz paz

No compasso das ondas vamos juntos dançar
Cante comigo, marinheiro, deixe a alma falar

E quando a tempestade chegar firme, te manterás
Pois o mar é sabedoria e a história já se faz

Nas estrelas tu brilharás, a coragem é o teu lar
Oh, marinheiro, marinheiro, nunca deixe de sonhar

Ondas Sonoras

Ondas no ar, o meu rádio
Cantando sempre com o galo
Subindo célere na colina
Desaparecendo lá no alto

Mensagens sem sentido
Que vêm e logo vão
Numa manhã tão fria
Perco-me na canção

Ondas que sobem
Ondas que descem
Ondas no rádio
Cantos que mexem

O galo canta cedo
Desperta a aldeia
Corre pelo vento
História que permeia

Em altos e baixos
Gira a transmissão
Uma manhã surgindo
Seguindo a canção

Iraci de Souza Spínola

Onde a Maré Sussurra

Ó, meu sábio poeta de Moraes
A mulher amada é como a onda
Sozinha correndo distante das praias
Pousada no fundo lá estará a estrela

E mais além, nos sonhos ocultos
Onde a maré sussurra segredos
A luz da Lua ilumina os cultos
No coração guardado sem medos

Oh, onda distante, vem me levar
Para o amor que tarda a chegar
Entre espumas e cantos do mar
Minha alma quer te encontrar

Nas noites serenas de verão
Sinto o sabor do teu beijo no ar
Fecho os olhos e sinto a emoção
Do teu abraço a me embalar

Ó, poeta de Moraes, tu sabes bem
O segredo que o mar nos ensina
Com amor simples feito de refém
Nas poesias que a vida nos destina

Os Filhos de Dona Edite

Pobreza bateu à porta
Fome doendo sem fim
Sem moradia fixa
Viviam eles assim

De casa em casa vão
Rua em rua a caminhar
Os filhos de Dona Edite
Sempre a lutar e a lutar

Sempre altivos e valentes
No peito um sonho a mais
Mesmo na dura jornada
Persistem e não caem jamais

Noite fria e sem abrigo
Frio sem lugar para ir
Mas com brilho nos olhos
Nunca param de sorrir

Esperança nunca morre
No coração ela mantém
A força vem de dentro
Levantam-se e vão além

Pedra Noventa

Oh, pedra noventa, venha cá
Pode ser valente e chorar
Caiu do céu sobre mim
Eu quero assim sem fim

Venha, eu tiro o meu chapéu
Para o brilho do seu céu
Pode vir sem medo aqui
Ser feliz e sorrir assim

Sua força eu sempre vi
No seu jeito de existir
Oh, pedra noventa, venha cá
Vamos juntos ali celebrar

Pode mais, bem mais de mim
Dizer eu quero entender
Oh, pedra noventa, valente
Nosso amor é bem diferente

Plenamente Ser

As pessoas mais felizes
Acreditam no que são
Arriscam-se em plenitude
Vivem sempre na emoção

Na esfera do amor
Sendo verdadeiros
Coração bem aberto
Sempre os primeiros

Plenamente viver
Sem medo de tentar
Na vida e no prazer
Deixar o coração guiar

Na esfera financeira
Ousam sonhar alto
Não temem a queda
Vivem a esperar salto

Busca transcendental
Enxergam mais além
Envolvem-se no mistério
E seguem sempre bem

Iraci de Souza Spínola

Prosperidade

Vislumbrei a prosperidade
Com bom salário, bom trabalho
Boas roupas, bons sapatos
E, também, boa alimentação

Com frequência dinheiro
Para minha mãe querida
Com muitos filhos menores
A difícil realidade cruel

Sonhei alto, voo livre
Meu caminho, minha vida
Esperança lá no horizonte
Prosperidade a me guiar

Trabalho duro, suor diário
Constante sem fracasso
A buscar o melhor sempre
Um futuro mais brilhante

De mãos dadas seguimos
Construindo juntos a paz
O futuro é nosso juntos
Prosperidade todos enfim

Que o Vento Leve

De que serve voltar
Quando se volta pro nada
O amor é tão longe
E a mente tão cansada

Que o vento leve
Todas as dores daqui
Que a chuva lave
Sorrisos que perdi

O coração calmo
No silêncio encontrou
A paz que procurou
Num abraço que faltou

Olhar pro horizonte
Esperança encontrar
De que serve a saudade
Se ao menos posso sonhar

Que o Vento Leve
Minhas perguntas pro ar
Que a chuva lave
Cada lágrima no olhar

De que serve voltar
Quando tudo é ilusão
O amor é tão longe
No sopro da canção

Recusar a Verdade

Duas maneiras de ser
Acreditar no que não é
Recusar a verdade
E amar a cegueira

Ignorância doce
Vivendo em ilusão
Fugir da realidade
Esquecer a razão

Inconscientemente
Deleitando na neblina
Encarando a mentira
Doce ignorância fina

A mente fechada
Medo do desconhecido
Verdade desprezada
Sonho distorcido

Coração sem rumo
Perdido no escuro
Negando neste mundo
Acreditando no absurdo

Iraci de Souza Spínola

Refletir nas Jornadas

Cada passo na estrada
Errado pode ser
Refletir nas jornadas
Viver e aprender

Quantas quedas no caminho
Preparado sempre estar
Reconhecer sozinho
O que pode ou não falhar

Sim, é sempre preciso ver
Coisas erradas também
Refletir para bem entender
O sentido que vem do além

A vida é um mistério
Com erros a surgir
E admitir o critério
Para enfim prosseguir

Quando o Sol se esconde
Dias duros cinzentos virão
Mas é preciso ser bem forte
Abraçar com ardor a lição

Responsável pela Vida

Eu sou responsável
Pelo meu lugar aqui
Não recorro a mágicas
Nem a quem promete

Não preciso de gurus
Xamãs ou reverendos
Sacerdotes ou infusões
Para me curar e viver

Eu tenho a força
Está dentro do meu ser
Eu faço a minha história
Eu posso renascer

Não há necessidade
De truques ou magia
A cura está na alma
Na pura simpatia

Olho para dentro
Encontro meu valor
Cada passo que dou
É feito com amor

Sem Medo

Quando o medo se vai
O riso não dói
Arma do inimigo
Eu quebro, destruo

Sem medo de errar
Eu posso voar
O mundo é meu
Sem hesitar

É assim mesmo
Vai fundo
Sem medo
Dê tudo

O riso virá
Mas eu não vou parar
Sem medo de amar
E assim vou cantar

Com o medo deixado
Meu caminho traçado
Sou dono do meu
Sonho iluminado

Sempre a Flutuar

Vinicius disse que "a tua presença
É qualquer coisa como a luz e a vida
Eu sinto que em meu gesto existe o teu gesto
E em minha voz a tua voz".

Quando o Sol brilha em nossos olhares
E a vida dança ao nosso redor
Eu sei que a luz que nos ilumina
É a mesma que brilha em teu amor.

E nas sombras do tempo eu me encontro
Teu eco ressoa, nunca se vai
A cada passo um laço nos une
Em sintonia, você e eu, sempre a flutuar.

Iraci de Souza Spínola

Siga Firme Sem Parar

A vida nem sempre é justa
Tempo corre, corre sem parar
Penalizados a cada passo e passo
Tantos sonhos abandonamos

Este tempo tão precioso
Que não volta nunca para nós
Damos tudo aos que amamos
Mas às vezes nos sentimos sós

Oh, oh, a vida passa rápido
Oh, oh, o tempo é tão raro
Deixe o amor ser seu guia
E siga firme sem nunca parar

Dias de sol e de chuva
Lições aprendemos aos montes
Cada segundo uma escolha
Que nos leva aos horizontes

Amar é dar sem esperar
Deste tempo sempre amar
Mesmo quando a injustiça vem
Sorrir sempre e nunca chorar

Silenciar a Mente

O universo responde
À vibração que você dá
Sintonize-se com os sonhos
É o caminho a trilhar

Caminhe suavemente
Com seu coração leal
O que você mais sente
É a chave principal

Sintonize seus desejos
Faça a vida fluir
Em cada um dos seus ensejos
Sentir é evoluir

Silencie a mente agora
Ouça a voz interior
Todo o amor que demora
Desabrocha com ardor

Libere sua energia
Viva na sintonia
Vibre em harmonia
E a mágica se cria

Acredite no que pensa
No que sente ao respirar
Seguindo essa crença
Tudo pode realizar

Sobreviver às Palavras

Há quem sobreviva ao medo
Prisão, guerra, tortura
Mas uma simples piada
Pode levar à loucura

Vidas fortemente lutadas
Contra o aço e o fogo
Mas palavras afiadas
Podem quebrar o jogo

Difícil entender
Como pode ser assim
Ferem mais que espadas
As palavras sem fim

Gente que nunca cai
Mesmo com a vida dura
Mas uma frase infeliz
Corta como fissura

O verdadeiro poder
Não está no aço ou punhal
Há força nas palavras
Que pode ser fatal

Sobreviver É Viver

Valeu a pena resumir
Sobrevivi a tudo por aqui
Ora radical, sem me importar
Ora reformador, sem hesitar

Social eu sinto no caminho
Consequente, nunca sozinho
Às vezes imprudente no fim
Mas sempre de tudo um pouquinho

De momentos que não se vão
Relembrando cada decisão
De tudo à volta que eu vivi
Aprendi muita coisa por aí

De cada queda uma lição
De cada riso uma emoção
Estamos aqui a celebrar
O que o tempo veio nos dar

Sombras Dançam ao Redor

Há um eco nas ruas, vozes a sussurrar
O mal que insiste em nos tentar
Sombras dançam ao redor
Mas eu sei que posso lutar.

Não deixe o mal entrar, não deixe, não permita
Ele pode até tentar, mas é você quem dita a vida
Com a luz que vem de dentro ninguém pode te derrubar
Levante a sua voz e sinta, o amor vai te guiar.

No peito há um fogo, é a esperança a brilhar
Ninguém pode apagar o que eu escolho amar.
Não há corrente que prenda, não há dor que possa ficar
O mal bate à porta, mas sou eu quem vou falar.

Iraci de Souza Spínola

Sombras na Parede

Sair do subterrâneo
Livrar dos grilhões
Olhar para a parede
Sombras distorcidas

Caminho incerto
Na jornada a empreender
Forçado a ver sombras
O passado a esquecer

Sombras na parede
Não me podem parar
Sigo meu caminho
E começo a sonhar

A luz sempre me guia
Saindo da escuridão
Encontro minha força
Rumo à libertação

Vento frio no rosto
Frio também da solidão
Mas com coragem
Encontro a direção

Vejo a Magia nas Estrelas

Serei atento ao meu amor
Com desvelo e sempre fiel
Mesmo em face da maior dor
Ele é meu Sol, meu doce mel

Quando a noite cai tão fria
Meu coração por ele chama
Nas estrelas vejo a magia
No seu abraço, a chama

Ele encanta meu pensamento
Ainda mais que demais
O mundo é só um momento
Quando nos braços seus

A vida é feita de ilusões
Mas seu amor é tão real
Nos seus olhos mil razões
Para amar como nunca igual

Sob o céu azul do dia
Ou na sombra do luar
Seu amor é minha alegria
Nos seus braços quero estar

Iraci de Souza Spínola

Vento da Manhã

Amo o vento da manhã, suave e sereno
Parece que tudo de bom vai recomeçar
A luz que brilha em meu rosto
Lembra-me dos sonhos que vou cultivar.

O sonho de um homem acordado
É a esperança que brota no ar
Hora de buscar a câmara da mente
Onde sei que posso me encontrar.

Vento leve traz os novos dias
Sopra forte, leva as minhas agonias
Renovando a fé, trazendo mais vida
É o tempo de recomeçar a jornada.

Vida Edênica

No Jardim do Éden, onde tudo era paz
Adão e Eva dançavam sob a luz do faz
A serpente sussurrou, fez o coração hesitar
Fruto proibido, a escolha a desmoronar

Ah, a queda, a perda da imortalidade
Crenças infundadas longe da verdade
No eco do Éden ainda se ouve a dor
A vida perfeita se partiu em clamor

Olhos abertos, no entanto, tão perdidos
O paraíso distante, sonhos esquecidos
Caminhamos só sob o peso da culpa
Buscando na história luz que não desculpa

Iraci de Souza Spínola

Vida Sem Limites

Nasci para ser grande, sem amarras, sem correntes
Revolução na mente, ideias quentes e ferventes
Mas o mundo impõe barreiras, muralhas gigantescas
Eu derreto só de olhar, sou lava derretendo grelhas

Limites são para fracos, como postes na neblina
Na esquina do destino sou guerreiro, minha sina
Pulos altos sobre muros, comigo levo minha fé
Cada passo, cada rastro, impossível me ver cativo

Vidas são livros, páginas sempre a virar
Desperdiça quem quiser, mas prefiro voar
Quero mais que horizontes, quero estrelas tocar
No céu azul da coragem não paro de sonhar

Veem minhas quedas, mas não meus voos audazes
Sou poeira cósmica entre galáxias vorazes
Comédia da vida, riso solto sem fronteiras
Atravessei o mar, nadei por entre as bobeiras

Você coloca os limites, escola de prisão
Escapo entre as grades, danço a imensidão
Se quiser ficar estático, prende-se ao chão
Sua vida é sua escolha, empate ou campeão

Liberdade é o nome, meu verbo, minha expressão
Quebrando os grilhões, fugindo da prisão
Num espaço infinito danço a minha razão
Vivendo cada segundo além da imaginação

Vozes Distantes Mudam a Voz

Nada pode ser mais perigoso
Do que esquecer quem somos nós
Rostos no espelho tão duvidosos
Vozes distantes mudam a voz

Perder-se no tempo é nunca sentir
No caminho entre a dor e a fé
Nos sonhos a gente insiste em mentir
Mas não podemos esquecer quem é

Não deixe apagar a chama que acende
O brilho no olhar que ninguém pode tirar
Para sempre seja quem você entende
O mundo tenta, mas não vai mudar

Corações que batem tão ansiosos
Mentes que dançam na escuridão
Mas na batalha somos corajosos
Seguindo firmes na direção

Se alguém tentar mudar teu destino
Não deixe apagar o que há em ti
Pois na jornada cada um é divino
Uma luz que não pode apagar ali

Vulnerável

Pessoas dão presentes como forma de controlar
É um jogo de mentes para nos manipular

No dever já caídos como quem tem que dar
Presentes percebidos sem realmente doar

Honesto e franco a cada momento
Requer uma coragem abrir o sentimento

A honestidade crua exige se despir
No meio da rua sem medo de sentir

Franqueza, raro dom, poucos vão mostrar
No semblante bom para se expressar

Vulnerabilidade a alma a revelar
Na sociedade difícil de aguentar

www.musicasepoemasspinola.com.br